Halte zu mir, guter Gott

Illustriert von
Katja Gehrmann

edition ∴ chrismon

Halt' die Hände über mich,

was auch kommen mag.

Luftballon

Batman

Vogel

Pusteblume

Drachen

Heißluftballon

Ahornsame

Gibt es Ärger oder Streit

und noch mehr Verdruss,

Halt' die Hände über mich,
was auch kommen mag.

Du bist jederzeit bei mir.
Wo ich geh' und steh',

spür' ich, wenn ich leise bin,
dich in meiner Näh'.

**Halte zu mir, guter Gott,
heut' den ganzen Tag.**

was auch kommen mag.

Meine Freude, meinen Dank,
alles sag' ich dir.
Du hältst zu mir, guter Gott,
spür' ich tief in mir.

Halte zu mir, guter Gott,
heut' den ganzen Tag.

Halte zu mir, guter Gott

2. Du bist jederzeit bei mir. Wo ich geh' und steh',
   spür' ich, wenn ich leise bin, dich in meiner Näh'.
   Halte zu mir, guter Gott, heut' den ganzen Tag.
   Halt' die Hände über mich, was auch kommen mag.

3. Gibt es Ärger oder Streit und noch mehr Verdruss,
   weiß ich doch, du bist nicht weit, wenn ich weinen muss.
   Halte zu mir, guter Gott, heut' den ganzen Tag.
   Halt' die Hände über mich, was auch kommen mag.

4. Meine Freude, meinen Dank, alles sag' ich dir.
   Du hältst zu mir, guter Gott, spür' ich tief in mir.
   Halte zu mir, guter Gott, heut' den ganzen Tag.
   Halt' die Hände über mich, was auch kommen mag.

Text: Rolf Krenzer
Melodie: Ludger Edelkötter

Ich heiße Katja Gehrmann. Die Bilder in diesem Buch sind von mir. Ich habe schon als Kind sehr gerne gemalt und gezeichnet. Aber ich dachte, wenn man ein Künstler ist, muss man sehr unglücklich sein. Deshalb wollte ich lieber Biologin werden. Dann habe ich doch Kunst studiert und bin jetzt sehr glücklich. Es macht viel Spaß (aber auch viel Arbeit), Bilder für Bücher zu malen. Meine beiden Kinder wollen Physiker und Reitlehrerin werden.

GOTTVERTRAUEN
für die Kleinen

Wilhelm Hey, Katja Gehrmann

WEISST DU, WIE VIEL STERNLEIN STEHEN?

Dass der liebe Gott die unendlich vielen Sterne zählen kann, hat Kinder über viele Generationen hinweg erstaunt und getröstet. So fühlen auch sie sich himmlisch geborgen und behütet. Katja Gehrmann hat das beliebte Einschlaflied des Thüringer Pfarrers Wilhelm Hey mit fröhlichen, zarten Bildern neu inszeniert.

Illustriert von Katja Gehrmann
22 Seiten, 20 x 20 cm
ISBN 978-3-86921-056-8   8,90 €
Ab einem Jahr

Web: **www.chrismonshop.de**
Telefon: **0800 247 47 66** (gebührenfrei)
E-Mail: **bestellung@chrismonshop.de**
oder bei Ihrem Buchhändler

Bibliografische Information der Deutschen
Nationalbibliothek. Die Deutsche Nationalbibliothek verzeichnet diese Publikation in der
Deutschen Nationalbibliografie; detaillierte
bibliografische Daten sind im Internet über
http://dnb.d-nb.de abrufbar.

Musik
Ludger Edelkötter
© KiMu Kinder Musik Verlag GmbH,
50259 Pulheim

Text: Rolf Krenzer
© Rolf Krenzer Erben, 35683 Dillenburg

Illustrationen
Katja Gehrmann

Titelgestaltung
Tobias Hiep unter Verwendung einer
Illustration von Katja Gehrmann

Layout
Elisabeth Fernges,
Hansisches Druck- und Verlagshaus GmbH

Druck und Bindung
DZA Druckerei zu Altenburg GmbH

2. Auflage, 2015
© Hansisches Druck- und Verlagshaus GmbH
und Evangelisches Literaturportal e.V.,
Frankfurt am Main und Göttingen 2014
Alle Rechte vorbehalten. Das Werk
einschließlich seiner Teile ist urheberrechtlich
geschützt. Jede Nutzung außerhalb der
Grenzen des Urheberrechts ist ohne schrift-
liche Einwilligung des Verlags unzulässig.

ISBN 978-3-86921-237-1

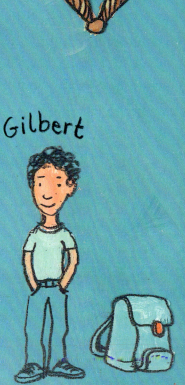